AF315376

Oy
123

4° O 1521
Ba. 2

le texte est in 8° O 1521
Ba.

EXCURSIONS

DANS LES ISLES

DE MADÈRE ET DE PORTO-SANTO;

PAR T. E. BOWDICH.

ATLAS.

EXPLICATION DES PLANCHES.

Pl. 1. Costumes de Madère. — La figure qui occupe la gauche est celle d'un moine franciscain. — Le paysan le plus près de celui-ci porte une outre pleine de vin, et l'autre, placé sur le devant, porte au marché de la volaille et des fruits. — La femme vue de face est chargée de farine et de bananes; l'autre tient du poisson sec et du chanvre. — Le jardin qu'on voit dans le fond, montre la manière dont on élève la vigne. On y distingue un aloës d'Amérique, un petit dragonier et des bananiers.

Pl. 2. L'aqueduc de Lisbonne avec les montagnes qui se trouvent de chaque côté, et les jardins d'orangers par derrière.

Pl. 3. Coupes géologiques. — A. Coupe à l'ouest du point nommé *Pontinha*. Les couches se présentent dans l'ordre suivant, en commençant par le haut : le basalte à colonnes, le tuf rouge, les scories, le tuf jaune, les scories, et le tuf jaune entrecoupé par deux bancs de pierre-ponce. Cette figure, comme toutes les autres, donne le rapport exact de l'épaisseur des couches entre elles. — B. Vue également prise à l'ouest du Pontinha, pour montrer les cavernes basaltiques au bord de la mer. — C. Cette coupe, prise à l'est du Pontinha, ne diffère de la première que par la couche de basalte fragmentaire entre les deux couches de basalte prismatique. — D. Le point nommé *Garajao*, représenté planche 6, mais vu ici de plus loin, afin de faire mieux distinguer l'affaissement des couches.

Pl. 4, A. La falaise, vue de la route de Camera de Lobos. Le clocher de l'église donne par comparaison une idée de son élévation. — B. Contour des principaux pics de l'île, pris du sommet du Pico-da-Cruz. On voit aussi la vallée du jardin de Serra, dans laquelle est située la maison de campagne de M. Veitch.

Pl. 5. Coural das freiras, immense vallée qui partage l'île de Madère en deux parties.

Pl. 6. Tête-de-Bronze ou Garajao. Les lignes blanches que l'on remarque dans la couche de scories, sont des incrustations de sel formées par l'atmosphère marine. — On voit à la droite du paysan un de ces filons de basalte si curieux et si nombreux à Madère.

Pl. 7, A. Montagnes de Porto-Santo. — B. Formation de sable de la même île.

Pl. 8. Vue plus rapprochée des principaux pics.

Pl. 9. Costumes de la Gambie. — La figure habillée de bleu est celle d'un alcade ou gouverneur d'une ville; la femme qui porte un parasol, est une femme mulâtre; les figures du fond sont celles d'un voyageur maure, armé de son arc et de son carquois, et accompagné de sa femme et de son enfant.

Pl. 10. Vue de la ville de Bathurst.

Pl. 11. Bakkow.

Figures d'histoire naturelle.

Fig. 1. *Lepidopus* du Tage.
— 2. Nouvelle espèce de *planes; a*, vue en dessus; *b*, vue en dessous.
Fig. 3. } Coquilles fossiles trouvées à Al-
— 4. } mada.
— 5. *Sertularia* et *aviculæ* de Madère.
— 6. *a*, L'*halosydra* de Madère; *b*, une valve de l'opercule.
— 7. } *Turritelles* fossiles d'Almada.
— 8. }
— 9. Bec de *goniaphea.*
—10. *a* et *b* }
—11. } *Helices* de Madère.
—12. *a* et *b* }
—13. } *Helices* de Porto Santo, trouvées
—14. } dans la formation de sable.
—15. *Bulimus* de Porto-Santo.
—16. *Helix*, *idem.*
—17. *Helix subplicata*, *idem.*
—18. } *Venus* trouvées à Porto-Santo.
—19. }
—20. *Pecten*, *idem.*
—21. *a*, *Locusta albifrons* de Madère; *b*, sa tête.
—22. Pou du faucon de Madère: *a*, grandeur naturelle; *b*, une patte grossie; *c*, animal vu en dessous, grossi.
—23. *Thomisus* ou araignée verte de Madère.
—24. *Theridium* ou araignée brune de Madère.
—25. *Sedgwickia hemispherica.*
—26. Boquedrao ou *smaris Royerii.*
—27. Chixarra ou *seriola picturata.*
—28. Abrota ou *phycis furcatus.*
Fig. 29. Pequeno dourado ou *labeo sparoides.*
— 30. } Tronc et rameau d'un arbre fos-
— 31. } sile trouvé à Caniçal.
— 32. } *Helices* fossiles de Ca-
— 33. *a* et *b* } niçal.
— 34. *a* et *b*, *Delphinulæ* fossiles, *idem.*
— 35. *a*, Le *Xyleborus* ou ver qui détruit les orangers de Madère; *b*, le même disséqué; *c*, les mâchoires; *d*, les mêmes avec les appendices charnus qui les entourent.
— 36. *Amorphocephalus granulatus.*
— 37. *Selcima aurata.*
— 38. *Mugil bispinosus.*
— 39. *Bodianus maculatus.*
— 40. *Pristipoma humilis.*
— 41. *Diastodon speciosus.*
— 42. *Dentex unispinosus.*
— 43. *Sciæna elongata.*
— 44. *Clupea fimbriata.*
— 45. *a*, *Balistes radiata; b*, ses dents.
— 46. *Dentex diplodon.*
— 47. *Labrus Jagonensis.*
— 48. *Tetraodon lævissimus.*
— 49. *Lichia tetrachanta.*
— 50. *Pimelodus Gambensis.*
— 51. *Anomalodon incisus.*
— 52. *Chromis triacantha.*
— 53. *Julis squami marginatus.*
— 54. *Sciæna dux.*
— 55. Bec de l'ibis de la Gambie.
— 56. Tête de lézard.
— 57. Verrou employé par les Mandingues.

Prononciation			Prononciation		
Dsad	ضـ ض	Dad / Dhad / Ddad	Alef	ا ا ا ا لا ا	Alif / Elef
Tta	ط ط	Ta / Tha / Tto	Ba	ب	Ba / Bè
Tsa	ظ ظ	Da / Dha / Dza	Ta	ت	Ta / Tè
Haï	ع ▽ مع ع	Aïn / Aën	Tsa	ث ث شر	Tha / Tsa / Tsè
Ghraïn	غ غ غ	Ghain / Gruën	Dyha	ج جـ جج	Jim / Dyim
Fa	ف فـ ف	Fa / Fe	Ha	ح ح	Hha / Ha
Kaf	ق	Kaf / Khaf	Cha	خ خ خـ	Kha / Dna
Kaf	ك	Kaf / Kef / Kif		ع	Dal
	ل لـ	Lam	Sal, Dsal	ذ	Dhsal / Dzal / Dzal
	م مـ	Mim	Ra	ر	Ra / Rè
Noon	ن نـ	[illegible] / Noon	Rsa	ز	Za / Zeen
Wa	و	Wau		س	[illegible]
Ha, ta fem. ة ة He fem.	∆ هـ	He	Tsin	ش شـ	Shin / Schin
	يـ	Ya	Tsad	ص صـ	Sad / Tsad
La	لا لا	Lam / Lammelif / Lammelif			

Pl. 1

Pl. 2
Printed by C. Hullmandel

A.

D

B

C

Bowdich del. et lithog.

A Pl. IV.

S. Bowdich del. et lithog.

B

S. Bowdich del. T. M. Baynes lithog

CURRAL DA

London Pub by Treuttel

Printed by C Hullmandel

FREIRAS

...Strand 1824

S.Berdelt del. & Lithog.

GA

London Pub.d by

Pl. C

RAJAO

ckermann 101 Strand 1824

A

B

PORTO SANTO.

Ruivo Torrinhas

Poul

anarios

Sidraõ

T. E. Bowdich del. S. Bowdich lithog.

Printed by C. Hullmandel

S. Bowdich del. T. M. Baynes lithog.

B A T I

London Pubd by R. Ack

Printed by C. Hullmandel

…URST

…ann 107 Strand 182

Pl. XI.

S. Bowdich del. et lithog.

[illegible] Hullmandel

BAKKOW.

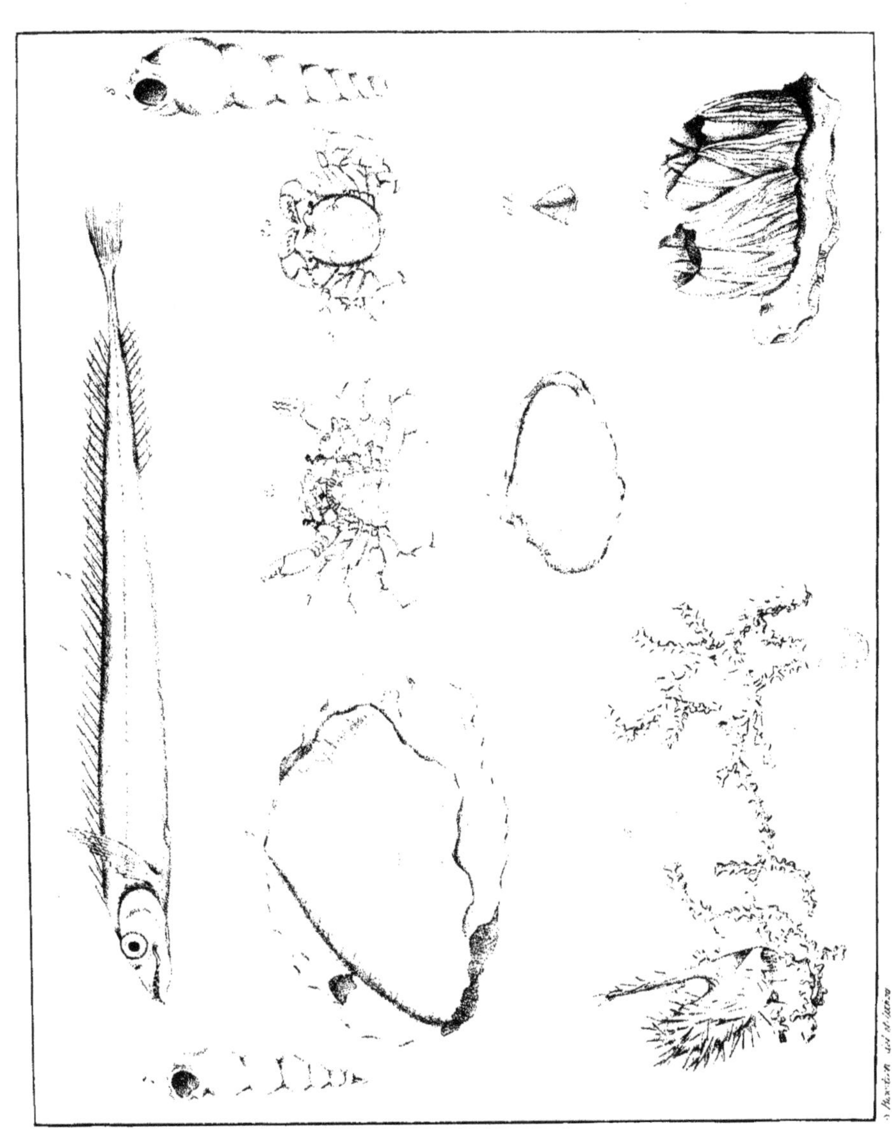

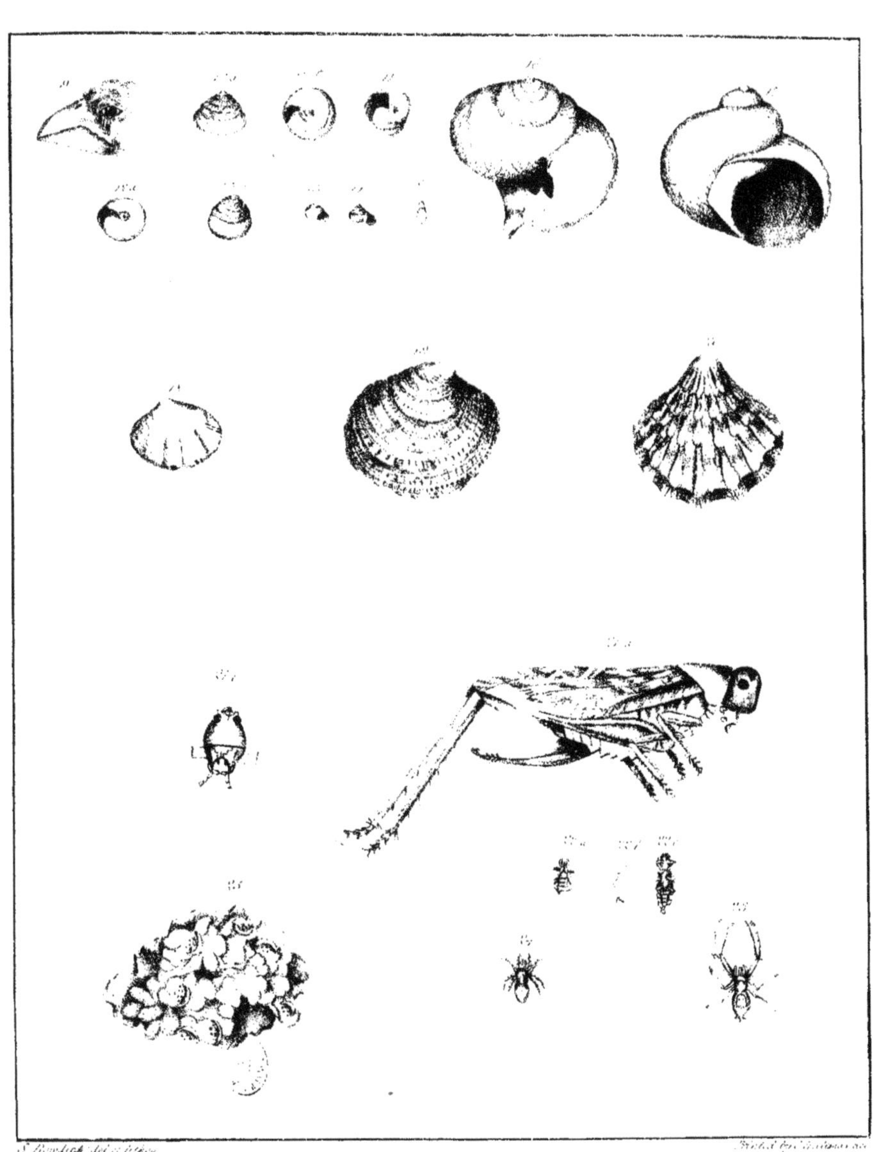

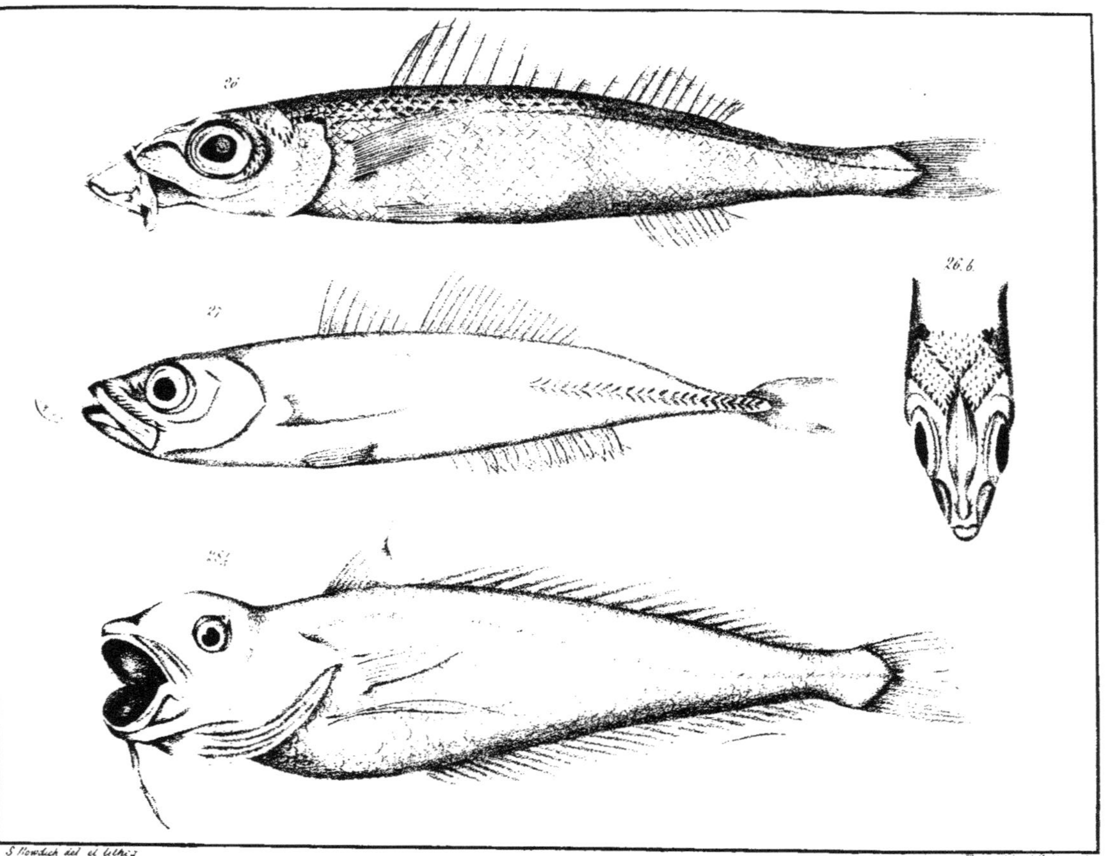

S. Bowdich del et lithog

Printed by C. Hullmandel

London Publ.^d by R. Ackermann 101 Strand 1824

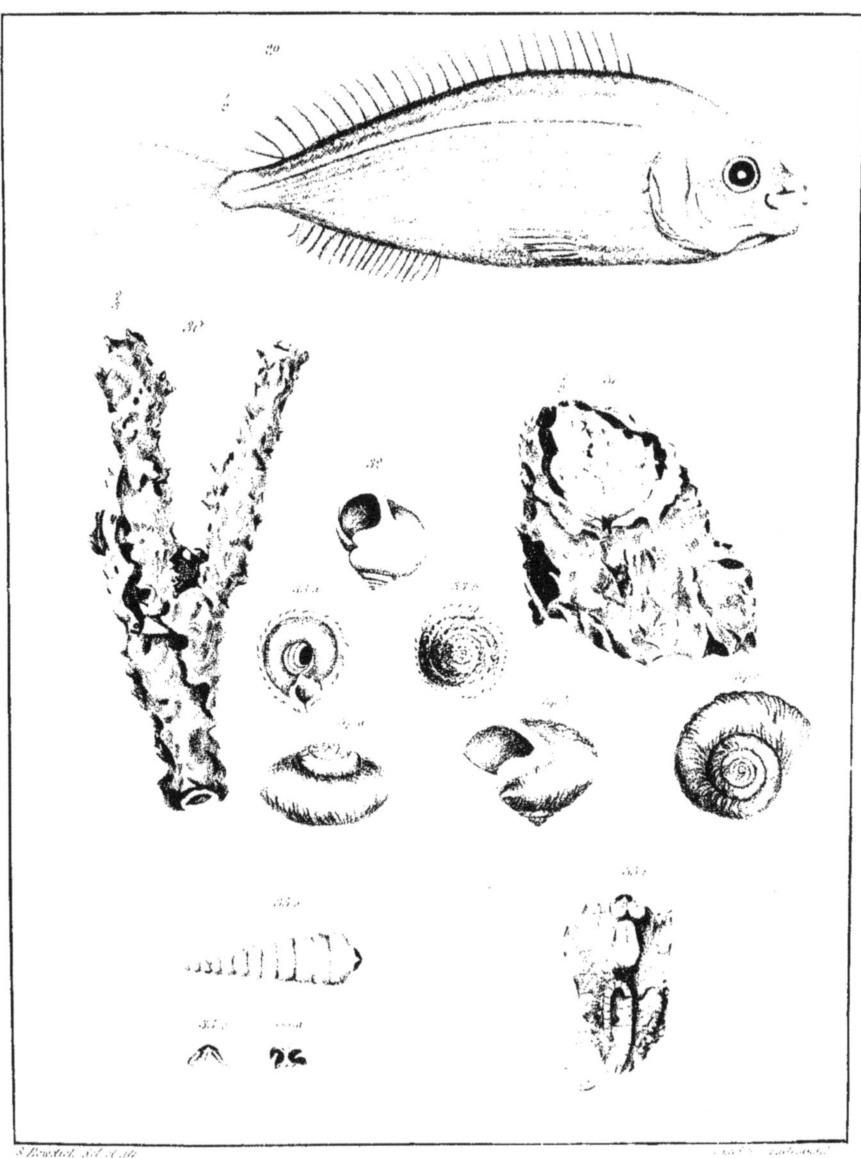

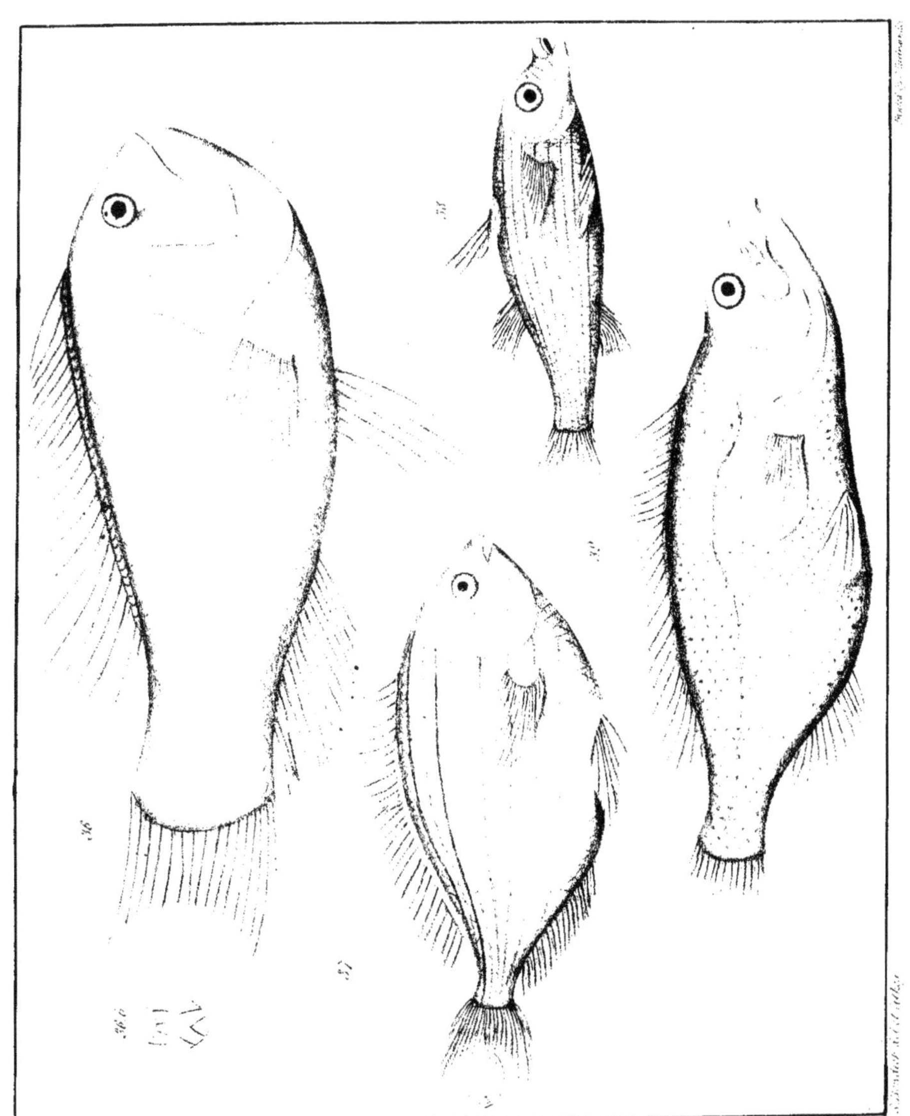

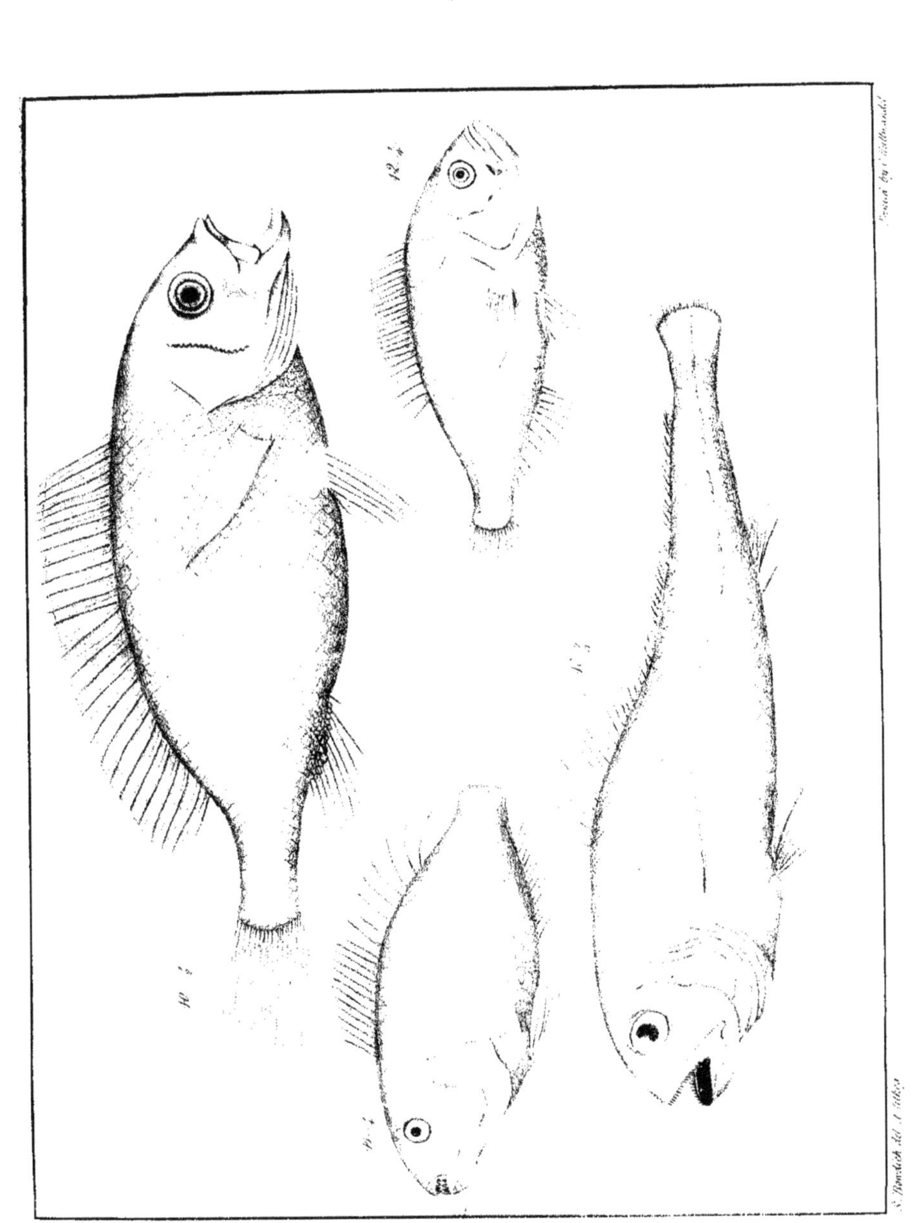

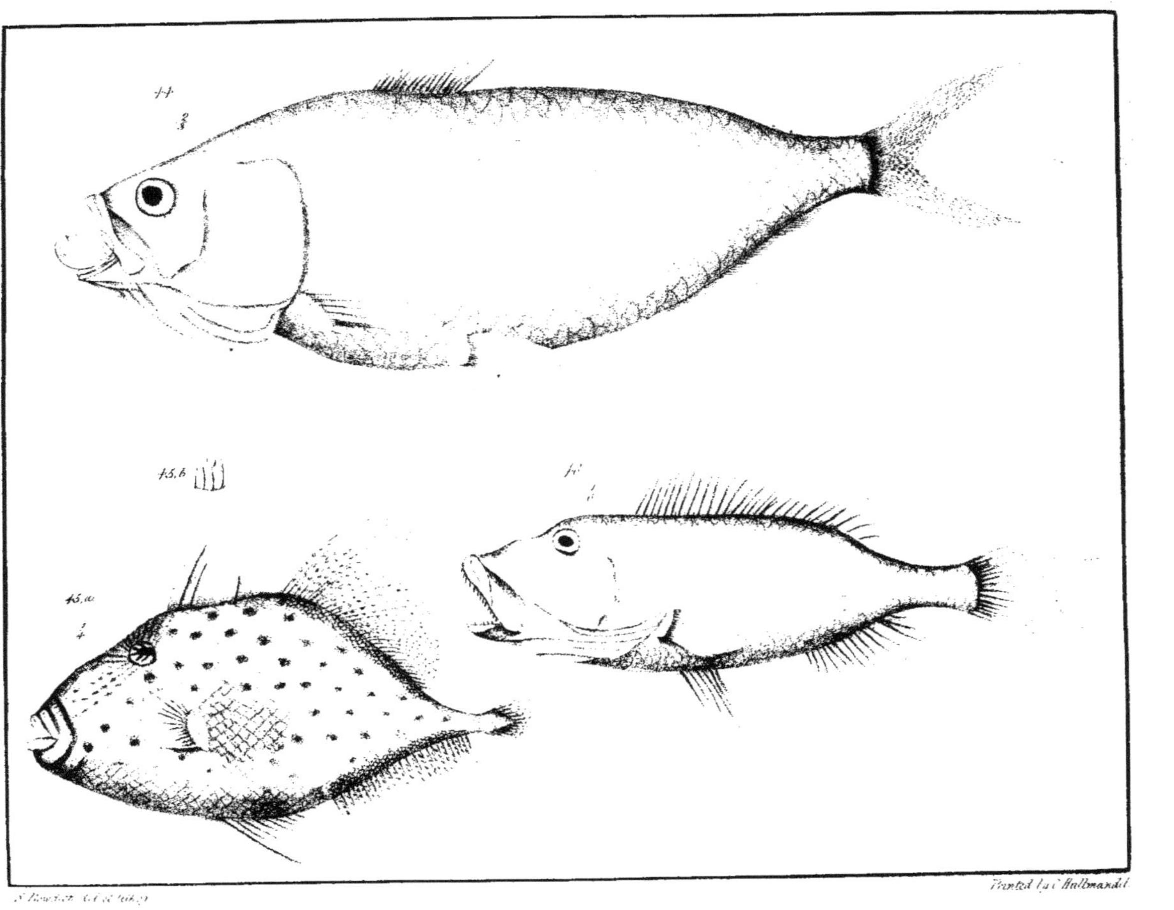

Printed by C. Hullmandel

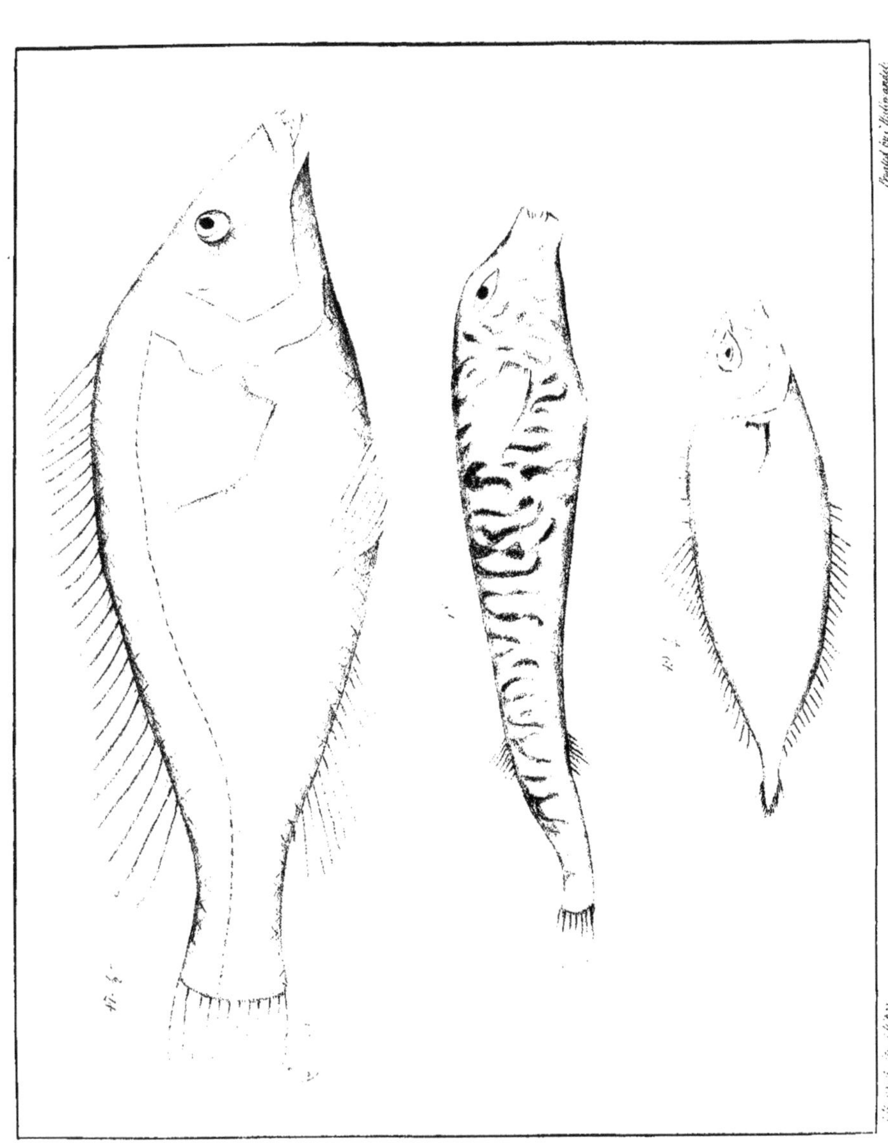

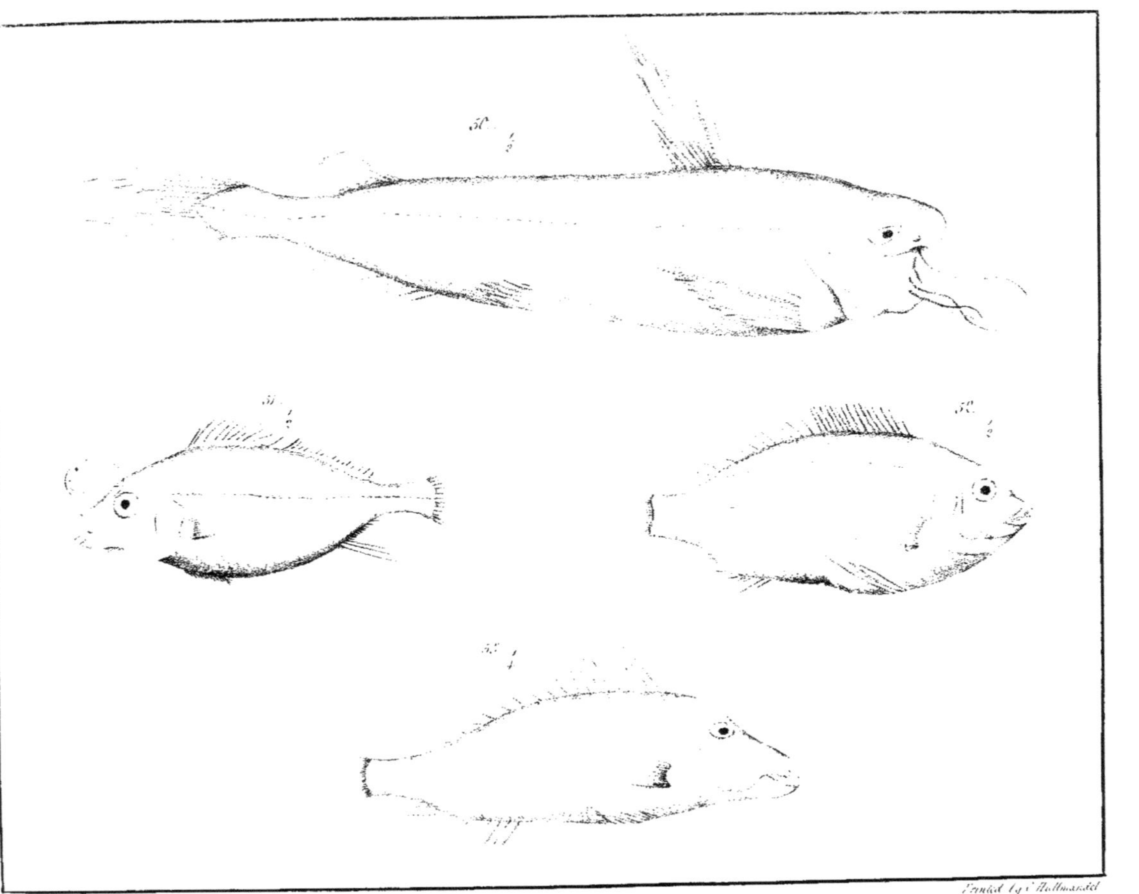

Printed by C. Hullmandel

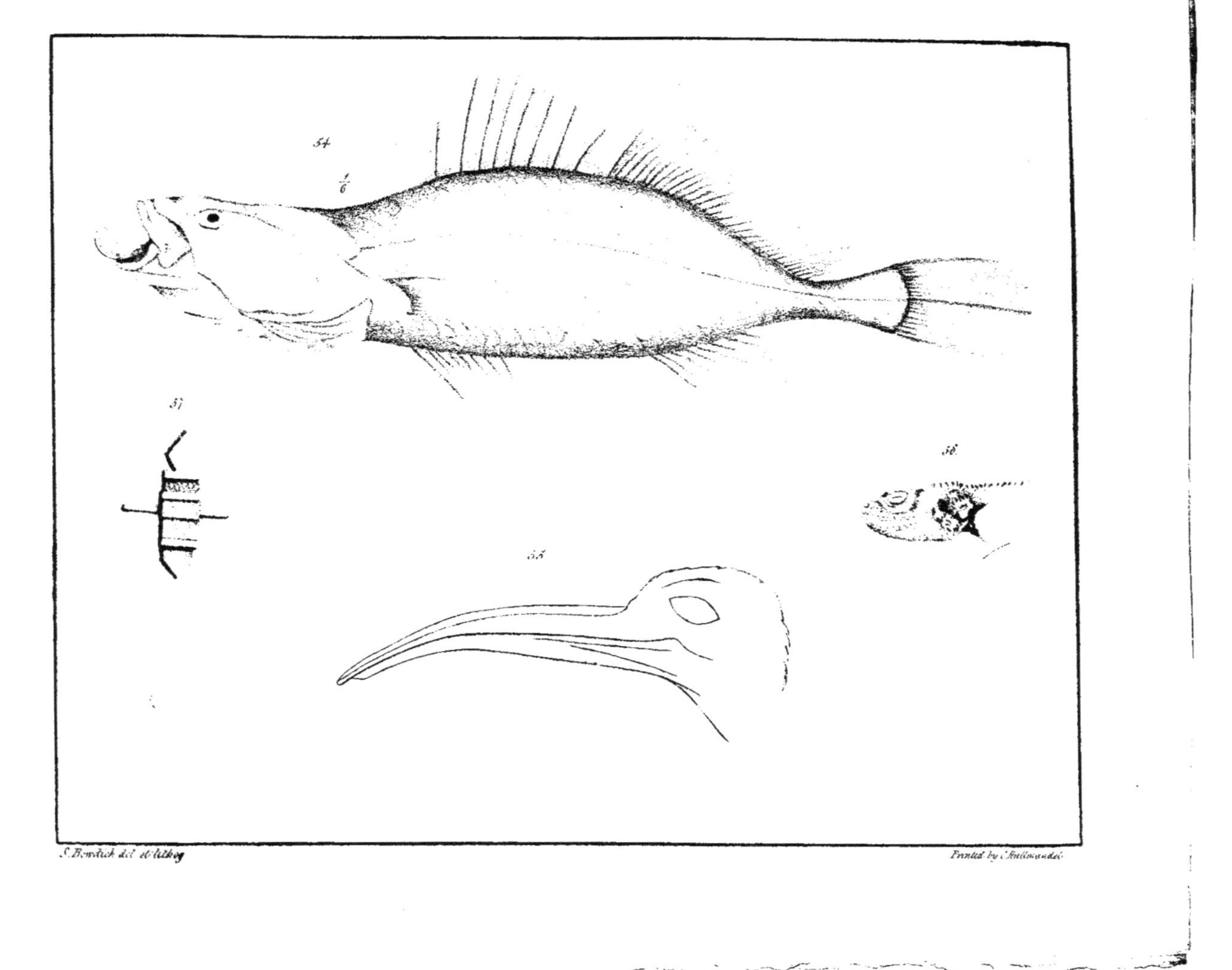

S. Bowdich del. et lithog.

Printed by C. Hullmandel.

www.ingramcontent.com/pod-product-compliance
Ingram Content Group UK Ltd.
Pitfield, Milton Keynes, MK11 3LW, UK
UKHW031758170726
13836UKWH00003B/1044

9 782329 567082